FICHA CATALOGRÁFICA
(Preparada na Editora)

Xavier, Francisco Cândido, 1910-2002.

X19p   Passos da Vida / Francisco Cândido Xavier, Espíritos Diversos. Prefácio de Emmanuel. Araras, SP, 14ª edição, IDE, 2023.
(Edições CEC, Uberaba, MG, 1969-1980.)
176 p.
ISBN 978-65-86112-42-9

1. Espiritismo 2. Psicografia - Mensagens I. Espíritos Diversos. II. Título.

CDD-133.9
-133.91

Índices para catálogo sistemático:
1. Espiritismo 133.9
2. Psicografia: Mensagens: Espiritismo 133.91

PASSOS DA VIDA

ISBN 978-65-86112-42-9

14ª edição - junho/2023
1ªreimpressão - setembro/2024

Conselho Editorial:
Doralice Scanavini Volk
Wilson Frungilo Júnior

Produção e Coordenação:
Jairo Lorenzetti

Revisão de texto:
Mariana Frungilo Paraluppi

Capa:
Samuel Carminatti Ferrari

Diagramação:
Maria Isabel Estéfano Rissi

Parceiro de distribuição:
Instituto Beneficente Boa Nova
Fone: (17) 3531-4444
www.boanova.net
boanova@boanova.net

INSTITUTO DE DIFUSÃO ESPÍRITA - IDE
Rua Emílio Ferreira, 177 - Centro
CEP 13600-092 - Araras/SP - Brasil
Fones (19) 3543-2400 e 3541-5215
CNPJ 44.220.101/0001-43
Inscrição Estadual 182.010.405.118
www.ideeditora.com.br
editorial@ideeditora.com.br

Todos os direitos reservados. Nenhuma parte desta publicação pode ser reproduzida, armazenada ou transmitida, total ou parcialmente, por quaisquer métodos ou processos, sem autorização do detentor do copyright.

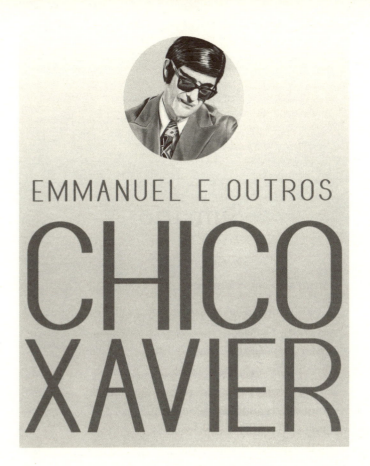

EMMANUEL E OUTROS

CHICO XAVIER

PASSOS DA VIDA

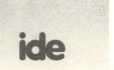

Sumário

Passos da Vida, Emmanuel 11
1 - A vida em nós, *Emmanuel* 15
2 - Cada dia, *Emmanuel* 19
3 - Amor, *Emmanuel* 23
4 - Preceitos de paz, *André Luiz* 27
5 - Experimenta, *Emmanuel* 31
6 - Tesouros da alma, *Emmanuel* 35
7 - O mal e o remédio, *Onofre* 39
8 - Programa de paz, *André Luiz* 43
9 - Disciplina e vida, *Emmanuel* 47
10 - Tempo e reencarnação, *Emmanuel* 51
11 - Bilhete da Regra Áurea, *André Luiz* 55
12 - Dez sugestões, *André Luiz* 59
13 - Amigos e inimigos, *Emmanuel* 63
14 - Autodesobsessão, *André Luiz* 67
15 - A felicidade, *Emmanuel* 71
16 - Preceitos de paz e alegria, *André Luiz* 75
17 - Saúde e equilíbrio, *André Luiz* 79
18 - O que mais sofremos, *Albino Teixeira* 83
19 - Não tanto..., *Emmanuel* 87

20 - Se todos perdoassem, *Emmanuel*..................................91
21 - Para libertar-nos, *Emmanuel*................................. 95
22 - E os outros?, *Emmanuel*..................................... 99
23 - Teu clima, *Emmanuel*.......................................103
24 - Em ação evangélica, *Emmanuel*.........................107
25 - Se procuras a paz, *Emmanuel*........................... 111
26 - A prece do esforço próprio, *Emmanuel*.......................115
27 - Ainda hoje, *Meimei*.......................................119
28 - Pontos mortos, *Scheilla*...................................123
29 - Bens e males, *Scheilla*.................................... 127
30 - Defendamo-nos, *Emmanuel*............................. 131
31 - Sombra, *Emmanuel*...................................... 135
32 - A bênção divina, *Emmanuel*............................139
33 - Pelos outros, *Emmanuel*................................. 143
34 - Quem soubesse, *Emmanuel*............................ 147
35 - Questões de pureza, *Emmanuel*...................... 151
36 - Aprendamos a dividir, *Emmanuel*...................155
37 - Se formos justos, *Emmanuel*........................... 159
38 - Se as letras bastassem, *Emmanuel*....................163
39 - Tudo certo, *Scheilla*..................................... 167
40 - Oração nossa, *Emmanuel*...............................171

"Pergunta – **Ama a vida?**

R – Imensamente. Acho que a vida é um dom de Deus e se nós descobrirmos, se procuramos descobrir a vontade de Deus, vamos ver que a bondade

de Deus está em toda a parte e não temos motivo nenhum, em tempo algum, de acalentar qualquer desânimo no coração porque Deus como que nos manda, a cada manhã, o sorriso maravilhoso do sol como a dizer que espera por nós, que nos tolera, que nos ama, que nos descerrará novos caminhos, que a vida é boa e bela, que devemos agradecer, cada dia mais, o dom de viver e o dom de amar aqueles e aquilo que nós amamos, sejam nossos pais, esposa, esposo, filhos, amigos, parentes, companheiros, tarefas e ideais.

A vida está repleta da beleza de Deus e por isso não nos será lícito entregar o coração ao desespero, porque a vida vem de Deus, tal qual o sol maravilhoso nos ilumina."

Trecho extraído do livro "Entrevistas", Francisco Cândido Xavier/ Emmanuel, edição IDE Editora.

Chico Xavier

Passos da vida

EFETIVAMENTE, A VIDA NA TERRA ASSEME-lha-se à longa série de veículos, avançando pelas estradas do tempo.

Por fora, nas estâncias do mundo externo, as paisagens se caracterizam por toques sempre novos de progresso e beleza.

Máquinas vencendo distâncias, invenções criando facilidades técnicas incentivando a produção.

Cada cidade parece um comboio resfolegante, destilando calor, atividade, avanço, movimento, e cada lar é um vagão constrangido a obedecer os impulsos da frente. Por dentro, porém, na intimidade *doméstica, as lutas morais são quase as mesmas de séculos passados.*

Os homens, viajores da evolução, se comunicam de polo a polo, mas encontram extremada dificuldade para se harmonizarem uns com os outros: construíram-se parques de diversões, onde milhares de pessoas se acotovelam, entusiásticas e distraídas, no entanto, a solidão tornou-se enfermidade moral nos centros mais cultos.

A peregrinação continua, enfeitada nas aparências, mas atormentada, no fundo...

As angústias e os enigmas da afeição e do ódio, o racismo, o espírito belicista, as desilusões de toda espécie, as moléstias mentais de etiologia obscura, a obsessão, o suicídio sem atenuantes plausíveis, o aborto delituoso, a criminalidade, o lenocínio, o tédio, os fenômenos da crueldade, a insegurança, a insatisfação, a irresponsabilidade, as tragédias passionais, o abuso de entorpecentes e as lágrimas da separação e da morte são flagelos de sempre que solapam a vida no cerne...

Para aliviar semelhante carga de provações, a Doutrina Espírita revive hoje os ensinamentos de Jesus que, devidamente aplicados, descortinarão novos horizontes para as criaturas humanas, garantindo-lhes a marcha sem acidentes.

Daí, leitor amigo, a razão de havermos organizado este livro despretensioso, a que denominamos "Passos da Vida", destinado a observações e reflexões, em torno de nossa romagem na Terra.

Cada pequeno capítulo – uma jornada simples.[1]

Cada trecho – um passo convidando à paz e à renovação.

Oferecendo-te, assim, este singelo epítome de avisos, lembranças, solicitações e pensamentos, agradecemos a atenção com que te situarás conosco nestas páginas –, na condição de vivos da terra e vivos da Espiritualidade –, a fim de estudarmos juntos os nossos problemas, ao mesmo tempo que rogamos ao Senhor nos ilumine e nos abençoe, em nossa viagem para o Mundo Maior.

EMMANUEL

Uberaba, 31 de Março de 1969.
1969 – ANO ALLAN KARDEC

---

(1) A disposição dos trechos de cada capítulo deste livro foi efetuada pelo Espírito Emmanuel, organizador do presente volume. – Nota do médium.

Chico Xavier

1
A vida em nós

Emmanuel

Criando as criaturas para a glória da vida, na condição de Espíritos eternos, destinados a lhe herdarem as qualidades divinas, o Criador criou:

Um reino – o Universo.

Uma organização comunitária – os mundos da vastidão cósmica.

Um lar – a Natureza.

Uma família – a Humanidade universal.

Um ambiente – a paz.

Um envoltório – a matéria.

Um sistema de controle – a afinidade com a gravitação.

Uma religião – o amor.

Uma lei – a justiça.

Um tribunal – a consciência.

Uma doutrina de compensação – a cada um por suas obras.

Uma riqueza igual para todos – o tempo.

Uma força – o bem.

Um princípio – a liberdade.

Um direito – o apoio ao dever cumprido.

Uma regra para o dever – a disciplina.

Um regime para as criaturas – o equilíbrio.

Uma ordem – o progresso.

Uma tabela de responsabilidade – o conhecimento em vários graus.

Um metro – a lógica.

Um código de trânsito espiritual – a fraternidade com o respeito mútuo.

Uma escola – a reencarnação.

Um processo de aprendizagem – a experiência.

Uma instituição crediária – o serviço ao próximo.

Um instrumento para cada criatura – o trabalho.

Uma oficina – o burilamento.

Um objetivo – a perfeição.

À face de semelhantes realidades, todos os atritos, conflitos, provações, aflições, dificuldades e embaraços são criações nossas na Criação de Deus e que, tão-só na escola das vidas sucessivas com criteriosa aplicação dos tesouros do tempo, conseguiremos nós extinguir.

Chico Xavier

2
Cada dia

Emmanuel

Cada manhã na Terra é uma página em branco de que dispões no livro da vida, para fazer os melhores exercícios e testemunhos de elevação e bondade.

Não olvides que cada pessoa a cruzar-te o passo, na trilha das horas, é uma oportunidade de construção espiritual.

Seja qual seja o motivo para desafeto, cultiva compreensão e amizade, observando que todo favor que possas prestar a benefício de alguém é uma chave que fabricas para a solução de teus problemas futuros.

Por mais claras as razões que justifiquem esse ou aquele comentário infeliz, procura encaixar uma frase edificante no círculo das palavras rudes que estejam sendo pronunciadas.

Por muito que um companheiro te haja ofendido, não lhe negues tolerância e abençoa-o com as tuas preces e gestos de auxílio, na convicção de que estás, com isso, levantando dispositivos de proteção a ti mesmo.

Na atividade em que te encontres, faze mais que o dever, porquanto o serviço extra, espontâneo e sem recompensa, em toda situação, será sempre a tua mais alta pregação de virtude.

Repousa quando necessário, mas não transformes descanso em ócio vazio.

Começa de casa a execução dos conselhos salutares que ofereces ao próximo, aprendendo que é impossível ajudar a Humanidade quando não saibamos entender e amparar algumas poucas pessoas, entre os limites da parentela.

Alia ação e oração, sustentando a felicidade dos

outros, como queremos que Deus nos concretize a própria felicidade.

Quando o dia termine, agradece ao Senhor a ventura de haver engastado mais uma pérola do tempo em teu colar de realizações, e cerrando os olhos para o justo refazimento, guarda por teu maior prêmio a consciência tranquila, com a invariável disposição de viver, cada dia, reconhecendo que tudo na vida depende inteiramente de Deus, mas na certeza de que o trabalho em tuas mãos depende unicamente de ti.

Chico Xavier

3
Amor

Emmanuel

Quando o Sol brilha na imensidade cósmica, não traça exigência para reger as próprias doações; derrama-se em luz e força para sustentação da Natureza.

Quando a chuva se precipita da atmosfera, não escolhe, para beneficiar, os tratos de terra mais habilitados à produção; consome-se quanto pode, a fim de ajudar a gleba indistintamente.

Quando a rosa se desabotoa na paisagem, não quer saber quantos espinhos se lhe cravam na haste; espalha perfume e beleza, atenta às finalidades para as quais se vê nascida.

Quando a semente é largada ao solo, não perde tempo a considerar se é pequenina em excesso ou se é indigna de trabalhar porque se encontra na lama; entrega-se, confiantemente aos processos da vida que a transformam na planta endereçada à proteção e ao socorro do homem.

Aprende com os elementos que te cercam a desdobrar, desinteressadamente, os recursos com que a Divina Providência te brindou.

Não perguntes quem te merece a bondade e nem alegues impedimentos para fugir ao teu destino de serviço e de amor.

Em auxílio ao próximo, dá o que és e do que tens, sem condição e sem medida.

O Universo é a casa da Vida Eterna sempre mais bela e mais forte pelo enriquecimento constante.

Observa que todo ser, por mais ínfimo, surge no mundo, desenvolve-se, cresce, desgasta a forma em que se exprime e, antes de seguir à frente, em busca de mais progresso, deixa sempre a Criação acrescida de algo mais. A criatura consciente, no entanto, pelo conhecimento racional de que dispõe acerca do bem e do mal, é intimada a cooperar, em todo tempo e em qualquer parte, na construção do bem de todos.

Analisa, assim, o que fazes, porque, desejes, ou não desejes, estás implantando algo de ti mesmo na Obra Divina.

A Obra Divina, porém, é o Amor que não comporta falhas.

Em razão disso, vale-te das possibilidades em mão para fazer todo o bem que possas de vez que, por todo erro que venhamos a perpetrar contra as leis do Amor, voltaremos, por determinação misericordiosa de Deus – o Amor Supremo –, à circunstância, à posição e às dimensões do erro cometido, a fim de aprendermos a corrigir, reconstruir, refazer e reajustar.

Chico Xavier

4
Preceitos de paz

André Luiz

Agora é o seu mais belo momento para realizar o bem.

Ontem passou e amanhã está por vir.

Qualquer encontro é uma grande oportunidade.

Pense nas sementes minúsculas de que a floresta nasceu.

Não deixe de falar, mas aprenda a ouvir.

Quem sabe escutar pacientemente, encontra pistas notáveis para o êxito no serviço que abraçou.

Fuja de cultivar conversações menos dignas.

O interlocutor terá vindo buscar o seu respeito a Deus e à vida, a fim de equilibrar-se.

Não dê tempo a lamentações.

Meia hora de trabalho, no auxílio ao próximo, muitas vezes consegue alterar profundamente os nossos destinos.

Não mostre rosto triste.

Muita gente precisa de sua alegria para levar alegria aos outros.

Não menospreze quem bate à porta, conquanto nem sempre esteja você disponível.

Em muitas ocasiões, aquele que aparentemente incomoda é o portador de grande auxílio.

A ninguém considere inútil ou fraco.

Um palácio, comumente é construção enorme; no entanto, nem sempre oferece agasalho ou acesso, sem a colaboração de uma chave.

Não persista em obstinações, reações ou discussões desnecessárias.

Em muitos casos, um simples prego, atacando

uma roda, pode retardar a viagem num carro perfeito.

Auxilie a todas as criaturas que lhe partilhem o clima individual.

Ainda mesmo na doença mais grave ou na penúria mais avançada, você pode prestar um grande serviço ao próximo: você pode sorrir.

Chico Xavier

5

Experimenta

Emmanuel

Em todos os males que nos assoberbam a vida, apliquemos as indicações curativas do Evangelho.

Conflitos e queixas à frente do próximo:

– Amemo-nos uns aos outros, qual o Divino Mestre nos amou.

Desinteligências em casa:

– Lembremo-nos de que se não procuramos compreender e nem amparar os que nos partilham o círculo doméstico, estaremos negando a própria fé.

Provocações e insultos:

– Exoremos a Divina Misericórdia para quantos nos perseguem ou injuriam.

Incompreensões no campo da convivência:

– Com quem nos exija a jornada de mil passos, caminhemos mais dois mil.

Calúnias e sarcasmos:

– O Senhor recomenda se perdoe cada ofensa setenta vezes sete.

Provas e contratempos:

– Orar sempre e trabalhar sem desânimo, na edificação do bem de todos.

Perturbações íntimas:

– Onde colocamos os nossos interesses, aí se nos vincula o coração.

Ocasiões de críticas e reproches:

– Com a medida que julgamos os outros, seremos julgados também nós.

Reivindicações e reclamações:

– Busquemos o Reino de Deus e sua justiça,

e tudo mais de que necessitemos ser-nos-á acrescentado.

Adversários ferrenhos ou implacáveis:

– Amemos os nossos inimigos, observando que lições nos trazem eles, a fim de que possamos aproveitá-las, porque, se amamos tão-somente os que nos amam, que haverá nisso demais?

Arrastamentos e paixões:

– Vigiemos a nós mesmos para que não venhamos a resvalar para as margens da senda que nos cabe trilhar.

Anseio de orientação e conselho:

– Tudo o que quisermos que os outros nos façam, façamos nós igualmente a eles.

Provavelmente, na arena das inquietações e tribulações terrestres, terás tentado as mais diversas receitas, traçadas por autoridades humanas, à busca de equilíbrio e paz, segurança e felicidade, sem atingir os resultados a que aspiras... Entretanto, não esmoreças. Uma fórmula existe que jamais falha, na garantia de nosso próprio bem: experimenta Jesus.

Chico Xavier

6

Tesouros da alma

Emmanuel

Ensinaste paciência, amparando inúmeros ouvintes, no entanto, se em teus dias de provação tombaste na sombra da inconformidade e da rebeldia, debalde te reportaste aos lauréis da serenidade e da tolerância, em se tratando de ti.

Destacaste o valor das dificuldades, nas trilhas do mundo, induzindo muita gente à aceitação dos próprios deveres, todavia, se, à frente dos obstáculos que te obscurecem a senda, entraste em amargura e desesperação, não te valeram as teorias esposadas, em matéria de paz e compreensão.

Hipotecaste afeto aos seres queridos, propiciando-lhes alegrias e bênçãos, mas se nos dias de separação e mudança, caíste em desânimo e revolta, o amor autêntico ainda não te habita os domínios do ser.

Exaltaste a fé, sustentando legiões de companheiros da Humanidade, entretanto, se, em teu próprio tempo de aflição, te desnorteaste nos cipoais da desorientação e da dúvida, o estado de confiança na Divina Providência te haverá sido mero ensaio, a longa distância da sublime realização.

Ensina e ajuda sempre, a benefício dos semelhantes, porquanto instruir e reconfortar constituem preciosos investimentos na Contabilidade do Universo, garantindo-te altos rendimentos na estrada a percorrer.

Certifica-te, porém, de que, se as vicissitudes da Terra te furtam os valores do espírito e ainda te vês sem calma nas tribulações; sem entendimento na angústia; sem ternura pelos entres amados, quando chega a hora de crise em tuas construções efetivas; e sem apoio íntimo, nos momentos de aflição, isso é sinal de que ainda não reténs contigo semelhantes talentos, de vez que, em verdade, só possuímos os tesouros da alma que foram tremendamente sacudidos pelos sofrimentos da vida e ficaram em nós no templo do coração.

Cada manhã na Terra é uma página em branco de que dispões no livro da vida, para fazer os melhores exercícios e testemunhos de elevação e bondade.

Chico Xavier

7
O mal e o remédio

Onofre

Ignorância: instrução e trabalho.

Penúria: trabalho e assistência.

Tristeza: consolação e trabalho.

Angústia: trabalho e paciência.

Tédio: abnegação e trabalho.

Ofensa: trabalho e esquecimento.

Calúnia: perdão e trabalho.

Obstáculo: trabalho e diligência.

Tentação: prece e trabalho.

Discórdia: trabalho e paz.

Abuso: corrigenda e trabalho.

Fracasso: trabalho e confiança.

Agressividade: gentileza e trabalho.

Cansaço: trabalho e renovação.

Perturbação: calma e trabalho.

Desequilíbrio: trabalho e disciplina.

Desânimo: otimismo e trabalho.

Em toda dificuldade, que se expresse como sendo **o mal, o remédio** será sempre a atitude certa com apoio no serviço.

A Terra é a nossa grande escola.

O amor é o sol que sustenta e ilumina, com a benção da educação, mas o grande ensino para a solução de todos os problemas será sempre **trabalhar.**

Na atividade em que te encontres, faze mais que o dever, porquanto o serviço extra, espontâneo e sem recompensa, em toda situação, será sempre a tua mais alta pregação de virtude.

Chico Xavier

8
Programa de paz

André Luiz

CUMPRIR O PRÓPRIO DEVER.

Ninguém tranquiliza ninguém, sem trazer a consciência tranquila.

Usar boas palavras e bons modos.

Qualquer viajante da estrada sabe afastar-se do pé de laranja azeda.

Desconhecer ofensas.

A vida não constrange criatura alguma a passar recibo numa serpente para atormentar-se com ela.

Auxiliar indistintamente.

Se a fonte escolhesse os elementos a que prestar

benefício, decerto que a Terra seria, francamente, um planeta inabitável.

Não censurar.

A crítica nos traça a obrigação de fazer melhor do que aqueles que nós reprovamos.

Abençoar sempre.

Qualquer trato de solo agradece o adubo que se lhe dê.

Jamais vingar-se.

Pessoa alguma consegue ajudar a um doente, fazendo-se mais doente ainda.

Amar os inimigos.

A obra-prima da escultura nasce no sonho do artista que a concebe, mas não dispensa o concurso do buril que lhe dá forma.

Não se lastimar por fracasso do caminho.

O Sol, em cada hemisfério do mundo, começa a trabalhar de novo, diariamente.

Saber cooperar, a fim de receber cooperação.

O próprio Cristo não consegue sozinho realizar a obra de redenção da Humanidade e, em iniciando o seu apostolado na Terra, procurou doze companheiros que lhe serviram de base à divina missão.

Quando a rosa se desabotoa na paisagem, não quer saber quantos espinhos se lhe cravam na haste; espalha perfume e beleza, atenta às finalidades para as quais se vê nascida.

Chico Xavier

9
Disciplina e vida

Emmanuel

OBSERVA A DISCIPLINA NOS FUNDAMENTOS DA natureza.

Necessitas da fonte para assegurar a abundância do celeiro, mas, se lhe impede o curso natural, sem dar-lhe represa inteligente, nada farás com ela senão charcos destruidores.

Precisas do fogo por agente básico de sustentação da existência, no entanto, sem barragem que lhe garanta limite, nada obterás dele senão cinzas.

Não prescindes do alfabeto para grafar o livro indispensável à instrução, todavia, se não colocas cada letra e cada palavra na estrutura da frase, nada granjearás senão esforço inútil.

Desfrutas o apoio da energia elétrica, no parque de vantagens da civilização, qual se possuísses centenas de braços mágicos, para acionar-te os serviços, entretanto, se não atendes a cada implemento de instalação no lugar próprio, nada conseguirás senão o perigo da força descontrolada, ameaçando a ti mesmo.

Assim, na experiência comum.

Analisa a tua posição e função e faze o melhor que possas.

Cada peça do mundo é chamada à ação do conjunto em situação adequada.

Todos sabemos que, por suas qualidades e possibilidades polimórficas, a inteligência humana não é literalmente comparável aos elementos simples da natureza, mas, com os nossos enunciados, queremos tão-somente dizer que se o homem pode e deve servir de múltiplos modos a benefício dos outros, é imperioso compreender que, sem disciplina nos encargos que a vida lhe atribui e sem lealdade ante os compromissos que assume, será sempre um obreiro de êxito improvável e de eficiência impossível.

Não perguntes quem te merece a bondade e nem alegues impedimentos para fugir ao teu destino de serviço e de amor.

Chico Xavier

10
Tempo e reencarnação

Emmanuel

Considera a tua ação e o modo pelo qual a exerces, a fim de que a paz te abençoe a vida.

Surpreendeste o amigo de quem tiveste mágoa por algum desentendimento... Reflete na carreira dos dias e esquece o conflito que te perturba.

Entretanto, faze algo mais. Envolve-o nas melhores vibrações do sorriso fraterno para que o vejas tranquilo.

Guardaste a obrigação de saldar essa ou aquela dívida... Pensa na velocidade das horas e, dentro das possibilidades de que disponhas, procura resgatá-la.

Não te circunscreva, porém, a isso. Oferece ao credor a tua mensagem de gratidão e alegria por te haver esperado.

Conservas a intenção de auxiliar alguém ou de levar a alguém o testemunho de tua confiança e carinho... Medita na rapidez dos minutos e não atrases a manifestação afetiva que te nasce do íntimo.

Vai, todavia, mais além. Ajuda a pessoa a quem beneficias para que se convença de que assim procedes, por verdadeira fraternidade, sem a menor a ideia de recompensa.

Encontraste o adversário que te criou inúmeros contratempos, hoje faminto de amizade e compreensão... Observa a brevidade do tempo e não lhe negues a mão do companheiro.

Realiza, entretanto, algo mais. Dá-lhe a benção da palavra generosa, por certidão viva de teu respeito.

Em tudo o que seja tarefas a realizar, opiniões a emitir, providências a compor e questões a resolver, recorre ao amor para que o amor te inspire e age sem delongas na demonstração da tua capacidade de compreender e servir porque, em verdade, os minutos da reencarnação se escoam, vertiginosos, e realmente, não sabes quanto ao tempo que a reencarnação te reserva, se estás vendo e ouvindo essa ou aquela pessoa e fazendo isso ou aquilo pela última vez.

Chico Xavier

11
Bilhete da Regra Áurea

André Luiz

JUSTO QUE VOCÊ PEÇA A FELICIDADE.

Rogue, porém, ao Senhor, igualmente, a necessária compreensão para aproveitá-la, semeando felicidade em seu caminho.

Cultive o contentamento de dar.

Não azede, entretanto, os seus benefícios, com a exigência de gratidão.

Estime a sua independência.

Respeite, todavia, a liberdade dos semelhantes.

Fale como julgue melhor.

Ouça, porém, com apreço a palavra do próximo, qualquer que ela seja.

Considere os seus triunfos.

Não desmereça, contudo, as conquistas alheias.

Reconforte os irmãos em prova.

Compartilhe, no entanto, igualmente, a alegria daqueles que se vejam em condições mais favoráveis que as nossas.

Colabore na construção do bem.

Mas não crie dificuldades na obra a realizar.

Perdoe aos adversários.

Desculpe, todavia, os amigos quando aparentemente lhe firam o coração.

Exalte o bem.

Entretanto, não destaque o mal.

Sofra as lutas naturais do caminho a percorrer.

Ofereça, porém, o seu melhor sorriso, por raio de sol da sua fé, para que a sombra passageira de sua inquietação não aumente a intranquilidade dos outros.

Aconselha a Regra Áurea: "faça ao próximo aquilo que você deseja lhe seja feito".

Isso, no fundo, quer igualmente dizer que se você deseja auxílio eficiente, tanto quanto possível, dê auxílio completo aos outros sem desajudar a ninguém.

Chico Xavier

12
Dez sugestões

André Luiz

DEZ SUGESTÕES PARA MEDITAR, ANTES DA crítica:

I – Colocar-nos no lugar da pessoa acusada, pesquisando no íntimo quais seriam as nossas reações nas mesmas circunstâncias.

II – Perguntar a nós mesmos o que já fizemos, em favor da criatura em dificuldade, para que ela não descesse de nível.

III – Reconhecer o grau de responsabilidade que nos compete no assunto em pauta.

IV – Observar o **lado bom** do irmão ou da irmã

em lide, a fim de concluir se não temos mais razões para agradecer e louvar do que para aborrecer ou reprovar.

V – Recorrer à memória e lembrar, com sinceridade, se já conseguimos vencer qualquer grande crise moral de existência, sem o auxílio de alguém.

VI – Verificar, em sã consciência, se temos efetivamente certeza da falta pela qual são apontados o companheiro ou a companheira, em torno de quem somos convidados a emitir opinião.

VII – Deduzir, pelo estudo de nós próprios, se possuímos suficientes recursos para corrigir sem ofender.

VIII – Examinar até que ponto a criatura acusada terá agido exclusivamente por si ou sob controle e domínio de obsessores, sejam eles encarnados ou desencarnados, com interesse na perturbação do ambiente em que vivemos.

IX – Refletir na maneira pela qual estimamos ser tratados por nossos amigos quando entramos em erro.

X – Orar pelos nossos irmãos menos felizes e por nós mesmos, antes de criticar-lhes quaisquer manifestações.

Meia hora de trabalho, no auxílio ao próximo, muitas vezes consegue alterar profundamente os nossos destinos.

Chico Xavier

13

Amigos e inimigos

Emmanuel

O AMIGO É UMA BENÇÃO.

O inimigo, entretanto, é também um auxílio, se nos dispomos a aproveitá-lo.

O companheiro enxerga os nossos acertos, estimulando-nos na construção do melhor de que sejamos capazes.

O adversário identifica os nossos erros, impelindo-nos a suprimir a parte menos desejável de nossa vida.

O amigo se rejubila conosco, diante de pequeninos trechos de tarefa executada.

O inimigo nos aponta a extensão da obra que nos compete realizar.

O companheiro nos dá força.

O adversário nos mede a resistência.

Quem nos estima, frequentemente categoriza nossos sonhos por serviços feitos, tão-só para induzir-nos a trabalhar.

Quem nos hostiliza, porém, não nos nega valor, porquanto não nos ignora e sim, nos combate, reconhecendo-nos a presença em ação.

Na fase deficitária de evolução que ainda nos caracteriza, precisamos do amigo que nos encoraja e do inimigo que nos observa. Sem o companheiro, estaremos sem apoio e, sem adversário ser-nos-à indispensável enorme elevação para não tombar em desequilíbrio. Isso porque, o amigo traz a cooperação e o inimigo forma o teste.

Qualquer servidor de consciência tranquila se regozija com o amparo do companheiro, mas deve igualmente honrar-se com a crítica do adversário que o ajuda na solução dos problemas de reajuste.

Jesus foi peremptório em nos recomendando:

"Amai os vossos inimigos". Saibamos agradecer a quem nos corrige as falhas, guardando-nos o passo em caminho melhor.

Chico Xavier

14

Autodesobsessão

André Luiz

Se você já pode dominar a intemperança mental...

Se esquece os próprios constrangimentos, a fim de cultivar o prazer de servir...

Se sabe escutar o comentário infeliz, sem passá-lo adiante...

Se vence a indisposição contra o estudo e continua, tanto quanto possível, em contato com a leitura construtiva...

Se olvida mágoas sinceramente, mantendo um espírito compreensivo e cordial à frente dos ofensores...

Se você se aceita como é, com as dificuldades e conflitos que tem, trabalhando alegremente com tudo aquilo que não pode modificar...

Se persevera na execução dos seus propósitos enobrecedores, apesar de tudo o que se faça ou fale contra você...

Se compreende que os outros têm o direito de experimentar o tipo de felicidade a que se inclinem, como nos acontece...

Se crê e pratica o principio de que somente auxiliando o próximo é que seremos auxiliados...

Se é capaz de sofrer e lutar na seara do bem, sem trazer o coração amargoso e intolerante...

Então você estará dando passos largos para libertar-se da sombra, entrando em definitivo, no trabalho da autodesobsessão.

Ensina e ajuda sempre, a benefício dos semelhantes, porquanto instruir e reconfortar constituem preciosos investimentos na Contabilidade do Universo, garantindo-te altos rendimentos na estrada a percorrer.

Chico Xavier

15
A felicidade

Emmanuel

NÃO ESTÁ NO DINHEIRO, PORQUANTO, A CADA passo, surpreendemos irmãos nossos investidos na posse do ouro, a se confessarem desorientados e infelizes; importa reconhecer, porém, que o dinheiro, criteriosamente administrado, transfigura-se em poderosa alavanca do trabalho e da beneficência, resgatando lares e corações para a Vida Superior.

Não está na inteligência, visto que vemos em toda parte, gênios transviados, utilizando fulgurações do pensamento em apoio das trevas; urge anotar, no entanto, que a inteligência aplicada na sustentação do bem de todos será sempre uma fonte de luz.

Não está na autoridade humana, de vez que habitualmente abraçamos criaturas altamente revestidas de poder terrestre, carregando o peito esmagado de angústia; é necessário observar, todavia, que a influência pessoal em auxilio à comunidade é base de segurança e fator de harmonia.

Não está nos títulos acadêmicos, porque, em muitas ocasiões, encontramos numerosos amigos laureados com importantes certificados de competência, portando conflitos íntimos que os situam nos mais escuros distritos do sofrimento e da aflição; não será, contudo, razoável ignorar que um diploma universitário, colocado no amparo ao próximo, é uma lavoura preciosa de alegrias e bênçãos.

Não está no que possuis e sim no que dás e, ainda assim, não tanto no que dás como no modo como dás.

Não está no que sonhas e sim no que fazes e, sobretudo, na maneira como fazes.

Felicidade, na essência, é a nossa integração com o Cristo de Deus, quando nos rendemos a Ele para que nos use como somos e no que temos, a benefício dos semelhantes. Isso porque todo bem que venhamos a fazer é investimento em nosso favor, na Contabilidade Divina. Em suma, felicidade colhida nasce e cresce da felicidade que se semeia, ou melhor, à medida que ajudarmos aos outros, por intermédio dos outros, o Céu nos ajudará.

Chico Xavier

16
Preceitos de paz e alegria

André Luiz

Considerar quem surge, seja quem seja, por pessoa a quem devemos acatamento e serviço.

Para caminhar, a cabeça mais sábia não prescinde dos pés.

Nada julgar através de aparências.

Cada um de nós traz uma região indevassável nos recessos do Espírito, onde unicamente a Sabedoria de Deus pode, com segurança, conhecer os nossos intentos e avaliar o porquê das nossas decisões.

Respeitar os alheios pontos de vista.

É da Divina Lei que toda criatura tenha o seu lugar ao Sol.

Evitar reações negativas.

Os outros esperam de nós a simpatia e a bondade que aguardamos de todos eles.

Construir o nosso caminho particular para ir ao encontro dos semelhantes, a fim de ajudá-los de alguma forma.

Somos compreensivelmente gratos ao carinho espontâneo e discreto de alguém que se disponha a entender-nos e auxiliar-nos.

Abster-se de cultivar ou causar qualquer ressentimento.

Reflitamos na lição silenciosa do Céu, rechaçando pacientemente, cada manhã, a influência da sombra.

Aproveitar o benefício do sofrimento.

Para conseguir a firmeza do aço e a formosura da porcelana, é impossível dispensar o concurso do fogo.

Perdoar sem condições.

Em matéria de fraquezas, nenhum de nós pode medir a própria resistência, entendendo-se que Deus nos confere ampla liberdade na experiência, infundindo-nos, ao mesmo tempo, a luz da tolerância, como princípio inalienável, em nosso processo de autoaperfeiçoamento e educação.

Chico Xavier

17

Saúde e equilíbrio

André Luiz

PARA GARANTIR SAÚDE E EQUILÍBRIO, PROMETA a você mesmo:

I – Colocar-se sob os desígnios de Deus, cada dia, através da oração e sustentar a consciência tranquila, preservando-se contra ideias de culpa.

II – Dar o melhor de si mesmo no que esteja fazendo.

III – Manter coração e mente, atitude e palavra, atos e modos na inspiração constante do bem.

IV – Servir, desinteressadamente, aos semelhantes, quando esteja ao alcance de suas forças.

V – Regozijar-se com a felicidade do próximo.

VI – Esquecer conversações e opiniões de caráter negativo que haja lido ou escutado.

VII – Acrescentar pelo menos um pouco mais de alegria e esperança em toda pessoa com quem estiver em contato.

VIII – Admirar as qualidades nobres daqueles com quem conviva, estimulando-os a desenvolvê-las.

IX – Olvidar motivos de queixa, sejam quais sejam.

X – Viver trabalhando e estudando, agindo e construindo, de tal modo, no próprio burilamento e na própria corrigenda, que não se veja capaz de encontrar as falhas prováveis e os erros possíveis dos outros.

A obra-prima da escultura nasce no sonho do artista que a concebe, mas não dispensa o concurso do buril que lhe dá forma.

Chico Xavier

18

O que mais sofremos

Albino Teixeira

O QUE MAIS SOFREMOS NO MUNDO –

Não é a dificuldade. É o desânimo em superá-la.

Não é a provação. É o desespero diante do sofrimento.

Não é a doença. É o pavor de recebê-la.

Não é o parente infeliz. É a mágoa de tê-lo na equipe familiar.

Não é o fracasso. É a teimosia de não reconhecer os próprios erros.

Não é a ingratidão. É a incapacidade de amar sem egoísmo.

Não é a própria pequenez. É a revolta contra a superioridade dos outros.

Não é a injúria. É o orgulho ferido.

Não é a tentação. É a volúpia de experimentar-lhe os alvitres.

Não é a velhice do corpo. É a paixão pelas aparências.

Como é fácil de perceber, na solução de qualquer problema, o pior problema é a carga de aflição que criamos, desenvolvemos e sustentamos contra nós.

Encontraste o adversário que te criou inúmeros contratempos, hoje faminto de amizade e compreensão... Observa a brevidade do tempo e não lhe negues a mão do companheiro.

Chico Xavier

19

Não tanto...

Emmanuel

INDUBITAVELMENTE, O ESPIRITISMO É A DOUtrina de libertação e de paz; no entanto, não nos podemos escorar nisso para justificar a rebeldia e a irresponsabilidade onde estejam.

A propósito de semelhante afirmativa, alinharemos algumas legendas, junto das quais, em nome do Espiritismo, muitos enganos se cometem, quando não sejam lastimáveis abusos:

TERRA – Referimo-nos, vezes e vezes, ao Planeta por estância de provas: todavia, não tanto que não lhe reconheçamos a função de escola bendita em que nos preparamos para as Esferas Superiores.

CORPO – Figuramos habitualmente o corpo material como sendo armadura de carne, encarcerando a alma: contudo, não tanto que não lhe observemos a condição de instrumento precioso, no aperfeiçoamento do Espírito.

FAMÍLIA – Mencionamos, em muitas circunstâncias, a consanguinidade, no plano físico, por sistema de ligações regenerativas ou expiatórias, mas não tanto que não saibamos agradecer as bênçãos do amor e os tesouros do lar, na luz da reencarnação.

SEXO – Compreendemos que a individualidade humana é livre para presidir as suas próprias manifestações de afetividade: todavia, não tanto que se prevaleça disso para escarnecer os sentimentos alheios e retalhar corações, depois de escravizá-los à confiança.

DINHEIRO – Quase sempre nos reportamos à fortuna terrestre como sendo um perigo moral para os que a desfrutam, porém, não tanto que não vejamos nela poderosa alavanca do progresso e do bem.

TÍTULO – interpretamos, de modo geral, as titulações terrenas por acesso arriscado à influência e ao poder, mas não tanto que não as aceitemos por mandatos da Vida Maior, oferecendo aos seus portadores valioso ensejo de construir novas estradas de educação e aprimoramento, concórdia e apoio fraterno, em benefício da Humanidade.

CONVENÇÕES – Costumamos categorizar os preconceitos do mundo social por amarras de sombra, obstando os mais altos voos de nossos mais altos ideais: todavia, não tanto que não lhe admitamos o papel de diques compreensíveis contra o extravasamento das paixões animalizadas que caracterizam a maioria de nós outros, os Espíritos em aprendizado e evolução, nos diversos planos da Terra.

INDEPENDÊNCIA – Entendemos a liberdade por direito natural da criatura consciente de viver a sua própria vida, mas não tanto que se apoie nisso para tumultuar ou prejudicar a vida dos outros.

Doutrina Espírita é Jesus que retorna ao caminho dos homens e, diante de Jesus, direito sem dever e emancipação sem responsabilidade são vias descendentes para o mergulho nas trevas.

Chico Xavier

20
Se todos perdoassem

Emmanuel

IMAGINEMOS, POR UM MINUTO, QUE MUNDO maravilhoso seria a Terra, se todos perdoassem!...

Se todos perdoassem, a ventura celeste começaria de casa, onde todo companheiro de equipe doméstica perceberia que a experiência na reencarnação é diferente para cada um e, por isso mesmo, teria suficiente disposição para agir em apoio dos associados da edificação em família, a fim de que venham a encontrar o tipo de felicidade pessoal e correta a que se dirigem.

Se todos perdoassem, cada grupo na comunidade terrestre alcançaria o máximo de eficiência na produção do bem comum, porquanto, em toda parte, existiria entendimento bastante para que a inveja e o despeito, o azedume e a crítica destrutiva fossem banidos para sempre do convívio social.

Se todos perdoassem, o espírito de competição, no progresso das ciências e na efetivação dos negócios, subiria constantemente de nível moral, suscitando as mais belas empresas de aprimoramento do mundo, porque o golpe e a vingança desapareceriam do intercâmbio entre pessoas e instituições, com o respeito mútuo revestindo de lealdade os menores impulsos à concorrência, que se fixaria exclusivamente no bem com esquecimento do mal.

Se todos perdoassem, a guerra seria automaticamente abolida no Planeta, de vez que o ódio seria erradicado das nações, com a solidariedade traçando aos mais fortes a obrigação do socorro aos mais fracos, não mais se verificando a corrida de armamentos e, sim, a emulação incessante à fraternidade entre os povos.

Se todos perdoassem, a saúde humana atingiria prodígios de equilíbrio e longevidade, porquanto a compreensão recíproca extinguiria o ressentimento e o ciúme, que deixariam, por fim, de assegurar, entre as criaturas, terreno propício à obsessão e à loucura, à enfermidade e à morte.

Se todos perdoarmos, reformaremos a vida na Terra apagando, de todos os idiomas a palavra "ressentimento", para convivermos, uns com os outros, acreditando realmente que somos irmãos diante de Deus.

Quando todos aprendermos a perdoar, o amor entoará hosanas, de polo a polo da Terra, e então o Reino de Deus fulgirá em nós e junto de nós para sempre.

Chico Xavier

21
Para libertar-nos

Emmanuel

A PREGUIÇA CONSERVA A CABEÇA DESOCUPADA e as mãos ociosas.

A cabeça desocupada e as mãos ociosas encontram a desordem.

A desordem cai no tempo sem disciplina.

O tempo sem disciplina vai para a invigilância.

A invigilância patrocina a conversação sem proveito.

A conversação sem proveito entretece as sombras da cegueira de espírito.

A cegueira de espírito promove o desequilíbrio.

O desequilíbrio atrai o orgulho.

O orgulho alimenta a vaidade.

A vaidade agrava a preguiça.

Como é fácil de perceber, a preguiça é suscetível de desencadear todos os males, qual a treva que é capaz de induzir a todos os erros.

Compreendamos, assim, que obsessão, loucura, pessimismo, delinquência ou enfermidade podem aparecer por autênticas fecundações da ociosidade, intoxicando a mente e arruinando a vida.

E reconheçamos, de igual modo, que o primeiro passo para libertar-nos da inércia será sempre: trabalhar.

Qualquer servidor de consciência tranquila se regozija com o amparo do companheiro, mas deve igualmente honrar-se com a critica do adversário que o ajuda na solução dos problemas de reajuste.

Chico Xavier

22

E os outros?

Emmanuel

Quando te dirijas ao Senhor, implorando o amparo de que te julgas em necessidade premente, pensa nos outros, naqueles outros que te seguem a marcha, suspirando pelas migalhas das sobras que desperdiças.

Rogas tranquilidade e reconforto para os entes amados que te povoam o reino doméstico.

Natural assim faças. No entanto, imagina os padecimentos daqueles que vagueiam sem teto.

Aguardas a supressão imediata dos males que te fustigam o corpo, amparado pelos melhores recursos da medicina.

Justo assim te orientes. Contudo, pondera o suplício dos que agonizam sem assistência e esperam a própria morte, sem a benção de um leito.

Suplicas proteção e segurança para os filhos queridos, acobertados por teu afeto, a fim de que vençam galhardamente as dificuldades do mundo.

Compreensível que assim procedas. Recorda, porém, o martírio daqueles outros pais e mães que dariam a vida para arrancarem os filhos do coração ao chavascal da penúria.

Queres aumentar os salários e rendimentos que te felicitam os dias, para a realização de teus ideais.

Razoável assim te guies. Entretanto, medita na aflição dos que jazem afundados em pauperismo, para os quais algumas poucas moedas de tuas mãos generosas constituem assunto de base da fé em Deus, entre vibrações de alegria e preces de gratidão.

Pretendes aumentar conhecimentos e títulos que te consolidem autoridade e influência, solicitando, para isso, condição e tempo, de conformidade com os teus desejos.

Cabível assim te comportes. Todavia, lembra-

-te dos companheiros absolutamente desarmados de oportunidade e cultura, para quem uma frase de simpatia ou de socorro da tua parte é uma luz no caminho.

O Céu te concede mais recursos para que auxilies o próximo que tem menos.

Pede à Providência Divina aquilo que te falta, suprindo, quanto possível, aquilo que falte aos outros.

A vida te ajuda para que ajudes.

Deus te dá para que dês.

Chico Xavier

23
Teu clima

Emmanuel

Queiras ou não, onde estiveres, dás e recebes, conforme as leis do Espírito.

Sentimentos inspiram ideias.

Ideias suscitam palavras.

Palavras estabelecem ações.

Ações criam destinos.

Tudo o que fazes é plantação, atraindo resultados.

Daí, a importância das reações que provoques e das impressões que distribuas.

Cada qual de nós carrega o clima espiritual que lhe é próprio.

Considera, assim, a necessidade do otimismo e da paz, no campo íntimo, para que irradies, a benefício dos outros e, consequentemente de ti mesmo, a tranquilidade e a alegria de viver.

Não te encorajarias a receber criaturas irmãs sobre montes de lixo. Nem lhes servirias a mesa com esse ou aquele bolo recheado de espinhos. Por que acolhê-las, entre lamentações e choques para, em seguida, te afastares delas, deixando-as machucadas e espavoridas do ponto de vista espiritual?

Processam-se, sob tuas sugestões, conscientes ou inconscientes, esperanças e desencantos, levantamentos e quedas, restaurações e depressões.

Praticarás a beneficência, não só com a dádiva materializada em tuas mãos, mas principalmente com o amparo invisível de tua influência para que o bem se faça.

Tua presença – teu clima.

Teu clima – tua mensagem.

Se te propões a estudar o problema, da parte dos outros para contigo, examina a questão, partindo de ti para com os outros, e verificarás que do contato de cada pessoa algo te fica, nos caminhos do tempo, a induzir-te para os prejuízos e sombras de ontem ou impelindo-te a aproveitar as possibilidades de hoje, a fim de que a luz do amanhã te encontre melhor.

Chico Xavier

24
Em ação evangélica

Emmanuel

Caso o livro repousasse indefinidamente na prateleira, o esforço do escritor teria sido inútil.

Se todo carro estivesse tão-somente destinado a enfeitar residências, a indústria automobilística desceria à estaca zero.

Quando o titulo acadêmico estiver arquivado, sem atividade que corresponda às habilitações que ele oferta, o educandário terá funcionado em vão para o detentor.

Se a Terra deve ser livre para criar toda espécie de erva daninha que lhe reponte do seio, todas as técnicas da agricultura se ergueriam em vão.

Nenhuma comunidade levanta navios unicamente para dar espetáculos de grandeza, e sim para valorizar a navegação e engrandecê-la nos perigos do mar; outrossim, não assalaria bombeiros e nem lhes administra instrução para que eles apenas anotem a presença ou os estragos do fogo, mas sim para que extingam as forças desencadeadas do incêndio, às vezes, com o risco das próprias vidas.

Assim também, nós, em ação evangélica.

O senhor não nos chamou para exercer o papel de censores de Sua Obra. Se lhe aceitaste o convite para colaborar na seara de amor e luz do Reino de Deus, recorda que fomos engajados, com a permissão Dele, nas fileiras do bem, para compreender e abençoar, trabalhar e servir.

A felicidade não está no que possuis e sim no que dás e, ainda assim, não tanto no que dás como no modo como dás.

Chico Xavier

25

Se procuras a paz

Emmanuel

OLVIDA AS DESILUSÕES E AS MÁGOAS QUE POR ventura te assaltem a mente, para que te fixes na certeza de que a vida encerra os germens da renovação incessante, em si própria, facultando-nos a conquista da verdadeira felicidade.

Olvida o lado menos feliz dos companheiros de trabalho e de ideal, a fim de que lhes enxergues tão-somente as qualidades enobrecidas e as possibilidades de elevação.

Olvida as injúrias recebidas, entesourando, as bênçãos que te rodeiam.

Olvida o azedume e a incompreensão dos

adversários e esmera-te a conservar os amigos e irmãos que te apoiam as tarefas do dia-a-dia.

Olvida os assuntos que provoquem a mentalização dos erros e tragédias da humanidade e rende culto permanente aos feitos edificantes e heróicos em que os homens hajam exaltado a sua natureza divina.

Olvida os fracassos que já te assediaram a existência e escora-te nas esperanças e realizações com que te diriges para o futuro.

Olvida as reminiscências amargas e mantém na memória os acontecimentos felizes que se te erigiram na estrada, alguma vez, por motivos de euforia e plenitude espirituais.

Olvida as dificuldades que te entravem a marcha e consagra-te ao serviço que já possas criar ou fazer na seara do amor ao próximo.

Se procuras a paz, olvida todo mal e dedica-te ao bem, porquanto somente o bem te descerrará caminho para as bênçãos da Luz.

Cada um de nós traz uma região indevassável nos recessos do Espírito, onde unicamente a Sabedoria de Deus pode, com segurança, conhecer os nossos intentos e avaliar o porquê das nossas decisões.

Chico Xavier

26

A prece do esforço próprio

Emmanuel

É DA LEI DO SENHOR QUE A PRECE DO ESFORÇO próprio obtenha resposta imediata da vida.

Educa a argila e a argila dar-te-á o vaso.

Guarda o vaso contra o lodo e o vaso ser-te-á prestimoso servidor.

Trabalha a madeira bruta e a madeira selvagem assegurar-te-á o asilo doméstico.

Mantém a higiene em tua casa e a casa abençoar-te-á a existência.

Ara o solo e terás a sementeira.

Auxilia a plantação e receberás o privilégio da colheita.

Vale-te da fonte com respeito e recolherás a água pura.

Cultiva a limpeza do líquido precioso e a água conferir-te-á equilíbrio e saúde.

Agimos com o desejo.

Reage a vida com a realização

Não há caridade sem gentileza.

Não há fé sem boa vontade.

Não há esperança sem paciência.

Não há paz sem trabalho digno.

Usemos a chave do esforço próprio no bem de todos e o bem verdadeiro conduzir-nos-á para a vitória que nos propomos atingir.

O Criador responde à criatura, através das próprias criaturas, até que a criatura lhe possa, um dia, refletir a Glória Sublime.

Articulemos incessantemente a oração do serviço ao próximo, pela ação constante no auxilio aos outros, e estaremos marchando para a felicidade indestrutível da comunhão com Deus.

Quando todos aprendermos a perdoar, o amor entoará hosanas, de polo a polo da Terra, e então o Reino de Deus fulgirá em nós e junto de nós para sempre.

Chico Xavier

27
Ainda hoje

Meimei

Irritavas-te, ainda hoje, no justo momento da caridade.

E pensavas contigo mesmo: "valerá suportar a bílis do companheiro encolerizado, desculpar o insulto da ignorância, sofrer sem revolta aos golpes da violência e ajudar aos que me incomodam na via publica?"

Refletias a extensão do mal e confiavas-te ao desespero.

Entretanto, não se pode julgar o campo pelo talo de erva, nem avaliar espiritualmente a multidão pelo movimento da praça.

O amigo que te oferece o semblante áspero guarda provavelmente um espinho de aflição a espicaçar-lhe o peito, a pessoa que te injuria talvez padeça lastimável cegueira, a mão que te fere expõe o próprio desequilíbrio e esses rostos ulcerados que te pedem consolo trazem também consigo um coração suspirando por Deus.

Deixa que a bondade se externe por ti, estendendo a fonte da esperança e a melodia da benção.

Silencia a palavra candente e apaga todo impulso de crueldade.

Ergue ainda hoje os que caíram.

Amanhã, é provável necessites escudar-te naqueles que levantas.

Reflitamos no Eterno Amigo que passou na Terra, compreendendo e servindo, sem descrer do amor, embora sozinho nos supremos testemunhos da própria fé.

Ampara, alivia, ilumina e socorre sempre.

Todo auxílio na obra do bem é uma prece silenciosa. E toda vez que auxilias, o anjo da caridade está perto, orando também por ti.

Quando te dirijas ao Senhor, implorando o amparo de que te julgas em necessidade premente, pensa nos outros, naqueles outros que te seguem a marcha, suspirando pelas migalhas das sobras que desperdiças.

Chico Xavier

28
Pontos mortos

Scheilla

Se a presença de alguém te constrange a sofrer penosa impressão de mágoa, recorda que, nas vibrações desequilibradas a te impelirem para a inquietude, jaz um "ponto morto" do sentimento, reclamando-te boa vontade para que se lhe extinga perigosa existência.

Se a ofensa recebida foi impensadamente guardada por ti nas entranhas da alma, compelindo-te a lembranças aflitivas, não olvides de que aí fizeste um "ponto morto", exigindo-te reajuste.

Se a aversão te vence a tranquilidade, ante a voz de um companheiro que se te apresenta menos simpático, aí surpreendes um "ponto morto" do passado, esperando por teu esforço na plantação da simpatia.

Se encontras no trabalho um associado de tarefa, de cuja cooperação desejarias prescindir, à face do mal-estar que te impõe, aí possuis um "ponto morto" do caminho que precisas superar com a diligência do bem.

Se alguém te penetrou a família, em condições que te atormentam, suscitando-te pensamentos de animosidade, é que a bagagem de circunstâncias que trazes de passadas reencarnações aí te oferece um "ponto morto", solicitando-te suprimi-lo com aplicações de tolerância, em auxílio a ti mesmo.

Se em teu círculo de fé surge um irmão de ideal com quem te desarmonizas, tentando-te, às vezes, a abandonar os mais preciosos deveres para com os Desígnios Superiores que te presidem a tarefa, convence-te de que aí formaste um "ponto morto", que é preciso afastar, em teus exercícios de fidelidade aos compromissos assumidos.

Ninguém, na Terra, permanece imune contra semelhantes núcleos de provação.

Todos trazemos do pretérito "pontos mortos" que é indispensável banir da estrada, a fim de marcharmos ao encontro do futuro, na posição de almas livres, para a abençoada missão que nos é reservada.

Amarguras, pesares, dissabores, desencantos são regiões traumatizadas de nossa alma que nos compete sanar, usando os antissépticos da bondade e do perdão, do sacrifício e da renúncia.

Estejamos vigilantes contra os "pontos mortos" do coração, preservando a saúde moral, como nos apressamos a defender o equilíbrio do corpo físico.

Rendamo-nos à serenidade e à paciência, no serviço infatigável do bem com o Cristo de Deus, porque o mestre da Ressurreição é igualmente o Grande Médico da Vida Eterna, capaz de libertar-nos do jugo tiranizante da morte.

Chico Xavier

29

Bens e males

Scheilla

Quase sempre, na Terra, muitos bens são caminhos a muito males e muitos males são caminhos a muitos bens.

Por isso, muitas vezes, quem vive bem à frente dos preceitos humanos, pode estar mal ante as Leis Divinas.

A dor, sendo um mal, é sempre um bem, se sabemos bem sofrê-la, enquanto que o prazer, sendo um bem, é sempre um mal, se mal sabemos fruí-lo.

Em razão disso, há muitas situações, nas quais o bem de hoje é o mal de amanhã, ao passo que o mal de agora é o bem que virá depois.

Muita gente persegue o bem, fugindo ao bem verdadeiro e encontra o mal com que não contava e muita gente se desespera, a fim de desvencilhar-se do mal que não consegue entender e acaba encontrando o bem por surpresa divina.

Há quem se ria no gozo dos bens do mundo para, depois chorar nos males da terra para poder colher os bens da Esfera Superior.

Não procures unicamente estar bem, porquanto no bem apenas nosso, talvez, se ache oculto o mal que flagela os outros por nossa causa, e o mal que flagela os outros por nossa causa é mal vivo em nós mesmos, a roubar-nos o bem que furtamos do próximo.

Se desejas entesourar na estrada o bem dos mensageiros do bem, atende, antes de tudo, ao bem dos semelhantes, sem cogitar do bem que se te faça posse exclusiva.

Recordemos o Cristo que, aparentemente escravo ao mal do mundo, era o Senhor do Bem, a dominar, soberano, acima das circunstâncias terrestres e, tentando seguir-lhe o passo, aceitemos com valor, no mal da própria cruz, o roteiro do bem para a Grande Vida.

Praticarás a beneficência, não só com a dádiva materializada em tuas mãos, mas principalmente com o amparo invisível de tua influência para que o bem se faça.

Chico Xavier

30

Defendamo-nos

Emmanuel

ANTE AS FORÇAS DA SOMBRA QUE, PORVENTURA, te ameacem o coração, acalma-te e espera...

Se a serpente da inveja te envenena a alegria, recorda que a criatura invejada, muita vez, carreia consigo dolorosas chagas de angústia sob o manto enganoso das aparências.

Se o dragão do ciúme te espreita os passos, não olvides que todos os nossos afetos pertencem a Deus, Nosso Pai, que no-los empresta, a fim de que, através do desenvolvimento e da renúncia, venhamos a adquirir o verdadeiro amor para a eternidade.

Se a gralha do orgulho, te grita mentiras ao

pensamento, impelindo-te à evidência indébita, entre aqueles que te rodeiam, não te esqueças de que o tempo tudo renovará, preservando-te unicamente os valores imarcescíveis do Espírito.

Se o leão invisível da cólera te absorve a emotividade, obscurecendo-te o raciocínio, certifica-te de que um minuto de desespero pode arrojar-te a muitos séculos de criminalidade e loucura.

Se as larvas da preguiça te invadem a cabeça e te imobilizam as mãos, convence-te de que um dia de inércia no bem é ganho indiscutível para o mal que nos cerca e que responderemos, em todo tempo, na Contabilidade Celeste, pelo descaso das horas perdidas.

A cada instante, a mudança nos espia a existência, através de mil modos.

Guardemo-nos no serviço incessante do amor puro e simples, compreendendo que tão-só construindo a felicidade para os outros é que alcançaremos a nossa felicidade. E, buscando acender a luz divina em nós mesmos é que nos retiraremos, em definitivo, do largo desfiladeiro da ilusão e do desencanto, da culpa e do resgate, do desequilíbrio e da morte.

Olvida os fracassos que já te assediaram a existência e escora-te nas esperanças e realizações com que te diriges para o futuro.

Chico Xavier

31
Sombra

Emmanuel

Não é o ouro que avilta.

É a sombra do egoísmo em forma de avareza.

Não é a propriedade que encarcera.

É a sombra do egoísmo em forma de ambição.

Não é o poder que perturba.

É a sombra do egoísmo em forma de tirania.

Não é a ciência que resseca as fontes do sentimento.

É a sombra do egoísmo em forma de vaidade.

Não é a afeição que degrada.

É a sombra do egoísmo em forma de cativeiro.

Não é a força que desequilibra.

É a sombra do egoísmo em forma de violência.

Não é a autoridade que envilece.

É a sombra do egoísmo em forma de opressão.

Não é o ponto de vista que isola.

É a sombra do egoísmo em forma de intolerância.

Não é o descanso que prejudica.

É a sombra do egoísmo em forma de ociosidade.

Não é a despesa que arruína.

É a sombra do egoísmo em forma de excesso.

Lícita é a lei do uso, em todas as províncias da vida, mas em todas as províncias da vida, a lei do uso pede simplicidade e ponderação.

A árvore que produz milhares de frutos absorve da gleba tão-somente o indispensável à própria existência.

O rio, que fecunda o solo, transpondo léguas e

léguas para atingir o oceano, satisfaz-se com a faixa de terra em que se lhe demarca o leito preciso.

Na sustentação da própria felicidade, aprendamos a tomar do mundo apenas o necessário à paz da consciência tranquila, no cumprimento exato do dever que as circunstâncias nos assinalam, porque, se o amor desinteressado é a luz de Deus a envolver-nos, em toda parte, o egoísmo, seja onde for, é a sombra de nosso Espírito endividado, enquistando-nos alma e sonho na carapaça do "eu".

Chico Xavier

32
A bênção divina

Emmanuel

O PÃO É A BÊNÇÃO DA SEMENTEIRA.

O progresso é a bênção do trabalho.

A ordem é a bênção da disciplina.

O conhecimento é a bênção do estudo.

A realização nobre é a bênção do esforço digno.

A cooperação é a bênção do entendimento.

A experiência é a bênção do trabalho.

A simpatia é a bênção da gentileza.

O discernimento é a bênção do raciocínio.

A coragem é a bênção da confiança.

O respeito conquistado é a bênção do dever bem cumprido.

A oração é a bênção da fé.

A caridade é a bênção do Amor Divino.

Pelas bênçãos mais nobres da Terra, Deus, em Sua Infinita Bondade, protege o homem, mas pela caridade, que é a bênção do Divino Amor, o homem eleva-se para Deus.

Usemos a chave do esforço próprio no bem de todos e o bem verdadeiro conduzir-nos-á para a vitória que nos propomos atingir.

Chico Xavier

33
Pelos outros

Emmanuel

Não vaciles no serviço integral a benefício dos outros, para que o egoísmo te não circunscreva a existência ao cárcere das trevas.

Somente através dos outros, construirás a escada que te erguerá o Espírito à celeste ascensão.

Imagina-te sozinho num continente de ouro plenamente isolado no templo da perfeita sabedoria...

Toda a fortuna e toda a ciência resultariam em rematada inutilidade nas tuas mãos, de vez que o deserto dourado e o tesouro da cultura com o frio da solidão te fariam desvairar.

Lembra-te do Divino Mestre e ajuda sempre em louvor do bem de todos.

Quanto mais se agigante o perigo, em torno daqueles que te partilham a marcha, mais vivo apelo o Céu te formula para que te guardes fiel ao amor no dom de servir.

Pensa.

O delinquente de agora pode ser o herói de amanhã e a criança largada ao desequilíbrio, ainda hoje, se amparada por teus braços, talvez se converta na luz e na bênção de um povo inteiro.

Jamais te presuma superior aos que te rogam apoio e não te suponhas cansado de auxiliar.

Não olvides que a Bondade Divina nunca desesperou de nossas fraquezas e de nossas necessidades e, se nos encaminha à dor e à lição, é que ainda nos achamos em perigo de vida espiritual.

E a fim de que não nos escasseie a precisa disposição nos deveres da fraternidade, recordemos, sobretudo, que o Cristo de Deus, não obstante governador espiritual do Mundo, certo dia à frente da cruz, não desdenhou valorizar Barrabás, o malfeitor confesso, aceitando substituí-lo para, em lugar dele, padecer e morrer.

Reflitamos no Eterno Amigo que passou na Terra, compreendendo e servindo, sem descrer do amor, embora sozinho nos supremos testemunhos da própria fé.

Chico Xavier

34

Quem soubesse

Emmanuel

QUEM SOUBESSE QUÃO VENENOSO É O CONTEÚdo de fel a tisnar o cálice da aversão, decerto compreenderia que todo golpe da crueldade não é senão desafio à nossa capacidade de entendimento.

Quem soubesse da trama de sombra que freme perturbadora, em torno da palavra infeliz que profere na crítica à vida alheia, preferiria amargar, no silêncio, as feridas da mágoa, esperando que o tempo lhes ofereça a necessária medicação.

Quem soubesse da quantidade de crimes, oriundos da revolta e da queixa, escolheria suportar toda espécie de sofrimento, antes que reclamar consideração e justiça, em seu próprio favor.

Quem soubesse da multidão de males que a vingança provoca, esqueceria sem custo os braseiros de dor que a calúnia lhe arremessa à existência.

Tenhamos em mente que o ódio é o grande fornecedor das prisões e de que a cólera é a responsável por grande parte das doenças que infelicitam a Humanidade e guarda o coração na grande paciência, se te propões conservar em ti mesmo o tesouro da paz e a bênção da segurança.

Ainda mesmo que alguém te ameace com o gládio da morte, desculpa e segue adiante, porque as vítimas ajustadas aos trilhos do Bem Eterno elevam-se de nível, ao passo que os ofensores, ainda quando se mostrem como sendo os aparentemente mais dignos, descem aos precipícios do tempo para o acerto reparador.

De qualquer modo, se a ofensa te procura, cala e perdoa sempre, porque se o Mestre nos exortou ao amor pelos inimigos, também nos advertiu que a mão erguida à delinquência da espada agora, hoje ou amanhã, através da espada se ferirá.

Todo auxílio na obra do bem é uma prece silenciosa. E toda vez que auxilias, o anjo da caridade está perto, orando também por ti.

Chico Xavier

35

Questões de pureza

Emmanuel

A PRETEXTO DE SERES BOM, NÃO DESAMPARES aquele que o mundo categoriza por mau, de vez que amanhã, esclarecidas as nossas contas, na Justiça Divina, é possível que as nossas virtudes venham a desejar.

A pretexto de seres humilde, não te distancie daquele que a Terra classifica por orgulhoso, porquanto, um dia, é provável que a nossa singeleza exterior, ao sol da Verdade Eterna, se reduza à vaidade e à ilusão.

A pretexto de seres paciente, não menosprezes aquele que muitos acreditam impulsivo e violento, porque, na esfera da realidade sem mescla, bastas vezes, a nossa suposta serenidade não passa de ociosidade da mente e do coração.

A pretexto de seres caridoso, não fujas daquele que a sociedade define como sendo ingrato e insensível, entendendo-se que, em muitas ocasiões, ante a luz meridiana do conhecimento superior, a nossa pretensa superioridade é simples tirania do sentimento.

Recorda que a semente limpa em que se te baseia o prato de cada dia procede do chão escuro.

Há, na Terra, muita veste alva que, na essência, se tinge com o suor e com o sangue de irmãos sacrificados por duras exigências, e há muita roupa andrajosa e aparentemente enlameada ocultando corações sublimes e heróicos, de cuja abnegação se derrama resplendente brilho solar.

Aprendamos com Jesus a socorrer os pântanos da estrada e, decerto, do lodo que nos mereça compreensão e devotamento, surgir-nos-á o lírio sublime do reconhecimento e do amor que, em se levantando das trevas do charco para a glória da Altura, nos indicará ao Espírito deslumbrado o excelso caminho da própria ressurreição.

Amarguras, pesares, dissabores, desencantos são regiões traumatizadas de nossa alma que nos compete sanar, usando os antissépticos da bondade e do perdão, do sacrifício e da renúncia.

Chico Xavier

36
Aprendamos a dividir

Emmanuel

APRENDAMOS A DIVIDIR A PRÓPRIA FELICIDAde para que a felicidade dos outros se multiplique.

Observemos a natureza.

O Sol divide com a Terra os seus raios de amor, e a Terra lhe entesoura a energia, em favor do progresso das criaturas.

A fonte divide as águas, auxiliando a vegetação que, mais tarde, a protege.

A árvore divide os frutos com os homens e os homens lhe estendem a espécie, através do espaço e do tempo.

As flores dividem o próprio néctar com as abelhas e as abelhas lhes garantem abençoada fecundação.

Tuas horas e tuas forças, conhecimentos e recursos, quaisquer que sejam, são concessões do Todo-Compassivo em tuas mãos, que podes repartir com o próximo, a benefício de ti mesmo.

Auxiliar alguém é fazer o investimento da verdadeira alegria e toda alegria no exercício do bem é dom de vida e luz que nos aproxima de Deus.

Aprendamos a dividir os depósitos do Senhor, enquanto é hoje, a fim de que o Amparo Divino mais intensamente nos envolva, enriquecendo-nos o Espírito para que venhamos a receber com os outros e pelos outros a nossa perfeita felicidade amanhã.

A dor, sendo um mal, é sempre um bem, se sabemos bem sofrê-la, enquanto que o prazer, sendo um bem, é sempre um mal, se mal sabemos fruí-lo.

Chico Xavier

37

Se formos justos

Emmanuel

DEIXA QUE A JUSTIÇA TE CLAREIE A VISÃO PARA que o egoísmo te não imponha a loucura e a cegueira.

Se formos justos, não nos inclinaremos à censura e à reprovação, ante os erros dos semelhantes, porquanto, conheceremos, de sobra, nossas próprias fraquezas.

Se formos justos, esqueceremos a queixa e a reclamação, porque, notaremos, ao nosso lado, aqueles que caminham no mundo, suportando fardos mais agressivos e mais pesados que o nosso.

Se formos justos, não exigiremos dos outros,

demonstrações prematuras de bondade e compreensão, de vez que sabemos quanto nos custa o próprio equilíbrio no escabroso acesso às conquistas morais.

Se formos justos, não nos confinaremos ao círculo doméstico, cristalizando-nos nas vantagens particulares, porquanto aprenderemos que as dores do vizinho são iguais às nossas, cultivando, por isso, a fraternidade que nos quinhoará de alegrias e bênçãos.

Sejamos justos e entenderemos a riqueza dos bens que o Senhor nos empresta, sabendo enxergar a indigência e o infortúnio que nos pedem simpatia e socorro.

Sejamos justos e perceberemos, enfim, que o trabalho infatigável no bem comum é a única fórmula de paz, suscetível de garantir-nos a felicidade e a segurança, porque os cultivadores da justiça, pelo serviço incessante a todos, conhecem o supremo valor do tempo, convertendo o presente na gloriosa preparação do futuro.

A árvore que produz milhares de frutos absorve da gleba tão-somente o indispensável à própria existência.

Chico Xavier

38

Se as letras bastassem

Emmanuel

SE AS LETRAS BASTASSEM, NÃO TERÍAMOS AS nações superalfabetizadas na Terra patrocinando o ódio e a destruição em conflitos de morte.

Se as letras bastassem, não contemplaríamos a religião detida no culto externo e a ciência tanta vez convertida em arma de extermínio, nas mãos da inteligência destrambelhada.

Se as letras bastassem, não identificaríamos o suicídio por enfermidade moral, alastrando-se, de preferência, entre as classes privilegiadas pela cultura do cérebro.

Se as letras bastassem, decerto, não seríamos defrontados, na atualidade, pela indústria crescente do aborto delituoso nos lares que a instrução e o reconforto assinalam, em muitas ocasiões, com o beneplácito de muitas autoridades humanas.

Não vale ensinar tão-somente a técnica do fazer.

Necessário, antes de tudo, saber fazer para o bem de todos.

Repletar-se-ão as arcas de um povo com ouro fácil da economia de absorção indireta, todavia, se esse povo ignora como utilizar a riqueza na exaltação da grande fraternidade que rege a vida, nessa mesma grandeza de que se orgulha, encontrará os agentes letais de miséria e do desespero.

Adornar-se-á o homem com títulos respeitáveis, no campo das profissões, entretanto, se não busca movimentá-los no auxílio aos outros, nessa mesma vantagem particular surpreenderá o caminho descendente para a ruína.

Impossível dispensar a escola que ilustra o raciocínio, mas, antepondo-se a ela, é indispensável se erga no mundo a orientação que apura o sentimento.

Antes de conhecer, é forçoso compreender, a fim de que o passo da criatura não se desvie do rumo certo.

É por isso, sem dúvida, que Jesus, embora anjo entre os anjos e sábio dos sábios, preferiu manifestar-se entre os homens como sendo o Divino Mestre do coração.

Chico Xavier

39
Tudo certo

Scheilla

Não se diga sem orientação nas tarefas do bem.

Movimentando providências inúmeras, as Leis da Vida nos situam a todos, em cada instante, na linha certa para a edificação do Reino de Deus.

É assim que você permanece com exatidão:

no dia certo,

no caminho certo,

no lugar certo,

no momento certo,

no compromisso certo,

no trabalho certo,

na experiência certa,

na posição certa,

na circunstância certa,

com a pessoa certa,

com os recursos certos.

No que respeita à Sabedoria Divina, tudo está certo para que venhamos a realizar o melhor, amando e perdoando, aprendendo e servindo.

A ação, porém, é nossa.

Desse modo, sentir errado, pensar errado, decidir errado ou fazer errado constituem problemas que correm por nossa conta.

Auxiliar alguém é fazer o investimento da verdadeira alegria e toda alegria no exercício do bem é dom de vida e luz que nos aproxima de Deus.

Chico Xavier

40
Oração nossa

Emmanuel

SENHOR, ENSINA-NOS:

a orar sem esquecer o trabalho,

a dar sem olhar a quem,

a servir sem perguntar até quando,

a sofrer sem magoar seja a quem for,

a progredir sem perder a simplicidade,

a semear o bem sem pensar nos resultados,

a desculpar sem condições,

a marchar para frente sem contar os obstáculos,

a ver sem malícia,

a escutar sem corromper os assuntos,

a falar sem ferir,

a compreender o próximo sem exigir entendimento,

a respeitar os semelhantes, sem reclamar consideração,

a dar o melhor de nós, além da execução do próprio dever, sem cobrar taxas de reconhecimento.

Senhor, fortalece em nós a paciência para com as dificuldades dos outros, assim como precisamos da paciência dos outros para com as nossas dificuldades.

Ajuda-nos para que a ninguém façamos aquilo que não desejamos para nós.

Auxilia-nos, sobretudo, a reconhecer que a nossa felicidade mais alta será, invariavelmente, aquela de cumprir-Te os desígnios onde e como queiras, hoje, agora e sempre.

IDE | Conhecimento e educação espírita

No ano de 1963, Francisco Cândido Xavier ofereceu a um grupo de voluntários o entusiasmo e a tarefa de fundarem um periódico para divulgação do Espiritismo. Nascia, então, o Instituto de Difusão Espírita - IDE, cujos nome e sigla foram também sugeridos por ele.

Assim, com a ajuda de muitas pessoas e da espiritualidade, o Instituto de Difusão Espírita se tornou uma entidade de utilidade pública, assistencial e sem fins lucrativos, fiel à sua finalidade de divulgar a Doutrina Espírita, por meio de livros, estudos e auxílio (material e espiritual).

Tendo como foco principal as obras básicas de Allan Kardec, a preços populares, a IDE Editora possui cerca de 300 títulos, muitos psicografados por Chico Xavier, divulgando-os em todo o Brasil e em várias partes do mundo.

Além da editora, o Instituto de Difusão Espírita também se desenvolveu em outras frentes de trabalho, tanto voltadas à assistência e promoção social, como o acolhimento de pessoas em situação de rua (albergue), alimentação às famílias em momento de vulnerabilidade social, quanto aos trabalhos de evangelização infantil, mocidade espírita, artes, cursos doutrinários e assistência espiritual.

Ao adquirir um livro da IDE Editora, além de conhecer a Doutrina Espírita e aplicá-la em seu desenvolvimento espiritual, o leitor também estará colaborando com a divulgação do Evangelho do Cristo e com os trabalhos assistenciais do Instituto de Difusão Espírita.

www.idelivraria.com.br

Fundamentos do Espiritismo

1º Crê na existência de um único Deus, força criadora de todo o Universo, perfeita, justa, bondosa e misericordiosa, que deseja a felicidade a todas as Suas criaturas.

2º Crê na imortalidade do Espírito.

3º Crê na reencarnação como forma de o Espírito se aperfeiçoar, numa demonstração da justiça e da misericórdia de Deus, sempre oferecendo novas chances de Seus filhos evoluírem.

4º Crê que cada um de nós possui o livre-arbítrio de seus atos, sujeitando-se às leis de causa e efeito.

5º Crê que cada criatura possui o seu grau de evolução de acordo com o seu aprendizado moral diante das diversas oportunidades. E que ninguém deixará de evoluir em direção à felicidade, num tempo proporcional ao seu esforço e à sua vontade.

6º Crê na existência de infinitos mundos habitados, cada um em sintonia com os diversos graus de progresso moral do Espírito, condição essencial para que neles vivam, sempre em constante evolução.

7º Crê que a vida espiritual é a vida plena do Espírito: ela é eterna, sendo a vida corpórea transitória e passageira, para nosso aperfeiçoamento e aprendizagem. Acredita no relacionamento destes dois planos, material e espiritual, e, dessa forma, aprofunda-se na comunicação entre eles, através da mediunidade.

8º Crê na caridade como única forma de evoluir e de ser feliz, de acordo com um dos mais profundos ensinamentos de Jesus: "Amar o próximo como a si mesmo".

9º Crê que o espírita tenha de ser, acima de tudo, Cristão, divulgando o Evangelho de Jesus por meio do silencioso exemplo pessoal.

10º O Espiritismo é uma Ciência, posto que a utiliza para comprovar o que ensina; é uma Filosofia porque nada impõe, permitindo que os homens analisem e raciocinem, e, principalmente, é uma Religião porque crê em Deus, e em Jesus como caminho seguro para a evolução e transformação moral.

Para conhecer mais sobre a Doutrina Espírita, leia as Obras Básicas, de Allan Kardec.

www.idelivraria.com.br

idelivraria.com.br

Pratique o "Evangelho no Lar"

Aponte a câmera do celular e
faça download do roteiro do
Evangelho no lar

Ide editora é nome fantasia do Instituto de Difusão Espírita, entidade sem fins lucrativos.

📷 ideeditora   f ide.editora   🐦 ideeditora

◄◄ DISTRIBUIÇÃO EXCLUSIVA ►►

📍
Av. Porto Ferreira, 1031 | Parque Iracema
CEP 15809-020 | Catanduva-SP
📞 17 3531.4444   💬 17 99257.5523

| 📷 boanovaed
| ▶ boanovaeditora
| f boanovaed
| 🌐 www.boanova.net
| ✉ boanova@boanova.net

Fale pelo whatsapp

Acesse nossa loja